PREMIÈRES LECTURES

dans

Les Manuscrits

à l'usage des écoles primaires

Par M. Dela Palme

Conseiller à la Cour de cassation

PRIX : broché, 15 cent. ; cartonné, 20 cent.

PARIS
LIBRAIRIE DE L. HACHETTE ET Cie
RUE PIERRE-SARRAZIN, N° 14
(Près de l'École de médecine)

PREMIÈRES LECTURES

dans

Les Manuscrits

à l'usage des écoles primaires

Par M. Delapalme

Conseiller à la Cour de cassation

PARIS

LIBRAIRIE DE L. HACHETTE ET Cie

RUE PIERRE-SARRAZIN, N° 14

(Près de l'École de médecine)

AVIS.

Tous les exemplaires de cet ouvrage sont revêtus de notre griffe.

L. Hachette et Cie

Paris. — Typographie Panckoucke, rue des Poitevins, 8 et 14.

Premières Lectures
dans
Les Manuscrits.

L'Intelligence.

Enfant, tu as grandi, et à mesure que tu as grandi, ta raison s'est formée et ton esprit se développant comme une plante qui croît peu à peu, tu as compris ce que ne comprenait pas l'ignorance de tes premières années.

Tu as grandi et alors tu es devenu semblable à un homme qui, parvenu au sommet d'une montagne, aperçoit une foule d'objets qu'il ne voyait pas lorsqu'il était dans le vallon et qui découvre alors et les villes et les villages dans le lointain et une plus grande étendue de la terre et des cieux.

Enfant, tu ne pouvais, dans ta petite taille, te hausser jusqu'aux objets les moins élevés, et tes petits bras n'atteignaient pas les premières branches des arbres.

Ainsi ton esprit était d'abord faible et borné, mais ton esprit a grandi et une lumière jusqu'alors inconnue est venue peu à peu t'éclairer.

Et maintenant il faut songer à faire usage de ce don d'intelligence et de raison que tu as reçu de la bonté de Dieu.

Il ne faut pas que l'homme vive comme la brute qui s'éveille, mange et dort, et qui ne connaît l'existence que par ses appétits matériels et par ses sensations grossières.

Il y a en nous quelque chose de plus noble, qui pense, qui réfléchit et qui comprend.

Et quand tu jettes les regards sur cette immensité d'êtres créés, depuis l'herbe des champs jusqu'au chêne de la montagne, depuis l'insecte caché sous un grain de sable jusqu'aux plus grands animaux, tu vois bien, enfant, qu'il n'y a que l'homme à qui ait été donnée cette intelligence qui pense, qui réfléchit et qui comprend.

Cette intelligence qui n'est pas un bien terrestre et matériel, mais un don sublime et céleste, et qui semble nous rapprocher de Dieu en nous mettant en état de le comprendre.

Enfant, remercie donc le Dieu grand et tout-puissant de ce qu'il a fait de toi un être doué de raison, et jette un instant les yeux autour de toi.

La terre est comme un vaste domaine qui a été concédé à l'homme, et les plantes ne naissent et ne croissent que pour lui donner leurs fruits ou leur ombrage.

Parmi les animaux, les uns le servent dans ses travaux; les autres le nourrissent, et si quelques-uns sont encore sauvages, ils le reconnaissent pour leur maître, même en le fuyant.

Et comment Dieu a-t-il ainsi fait de l'homme le maître et comme le roi de la terre! comment l'a-t-il placé au-dessus de tout ce qui est, si ce n'est en lui donnant l'intelligence et la raison!

L'homme aurait-il dompté le cheval qui bondit dans sa force, aurait-il soumis au joug le bœuf armé de ses cornes, si Dieu ne lui avait donné l'intelligence qu'il a refusée au cheval et au bœuf.

Jeté sur la terre, nu, faible, rampant, l'homme serait le plus misérable des êtres s'il n'en était le plus grand par la raison.

La volonté de Dieu.

Et ce que je vois d'abord, quand je porte les regards autour de moi et que la raison m'éclaire, c'est que je ne suis rien devant Dieu, que je suis faible et que je ne puis rien par moi-même.

C'est que le bien et le mal, les richesses et la pauvreté sont distribués suivant sa volonté supérieure et souveraine.

C'est que nous ne sommes pas les maîtres de notre destinée, et que Dieu nous a placés ici ou là, plus haut ou plus bas, sur la montagne ou dans la vallée, aux rayons du Soleil ou bien dans l'ombre, suivant qu'il lui plaît ou qu'il le veut.

Je me soumettrai donc à la volonté de Dieu, et quelque part qu'il m'ait placé, j'accepterai la condition qu'il m'a donnée.

Et s'il m'a élevé, je ne me laisserai pas emporter par l'orgueil, et je tâcherai de faire un bon usage de ses dons.

Et s'il m'a abaissé, je dirai: que votre volonté soit faite, ô mon Dieu.. Tout ce que vous voulez est bien, et vous m'avez encore comblé de vos bienfaits car vous m'avez donné une âme qui pense et qui conçoit de grandes choses et qui s'élève à vous.

La Prière.

Et quand on a la pensée qu'on vit en présence de Dieu et qu'il remplit le monde, c'est un sentiment plein de douceur que celui qui élève notre âme à lui et qui fait sortir la prière de notre cœur et de nos lèvres.

Il est doux de lui dire : " Mon Dieu ! Je suis faible et misérable, je suis perdu dans la foule des hommes et peut-être que les hommes m'oublient et me méprisent.

" Mais pour vous, je suis devant vos regards et vous ne me dédaignez pas, car vous m'avez donné la vie et vous me la conservez chaque jour.

" Je suis la plante que vous avez semée et que vous faites croître ; vous avez voulu que je fusse et j'ai été, et vous ne repousserez pas l'ouvrage de vos mains.

" Je m'élève donc à vous avec confiance, et je me sens calme quand ma pensée se porte vers vous et que je contemple les cieux comme le temple immense de votre grandeur, et la terre comme l'œuvre que vous vous êtes plu à former.

" Car si faible que je sois, je suis une partie de ce grand œuvre, je suis entré dans vos plans, et dans ce vaste champ de la création vous n'avez rien fait sans but et sans dessein. "

Dieu en toutes choses.

Dieu ne se manifeste-t-il pas en toutes choses?

Descendez des hauteurs du ciel et perdez de vue si vous le voulez, les astres et leur marche sublime, ne considérez plus le soleil étincelant de ses rayons et donnant à toute la terre la vie et la fécondité.

Descendez plus bas, courbez vous, ramassez l'insecte dans la poudre et dites si vous ne serez pas confondu et si vous ne reconnaîtrez pas le doigt du Tout-puissant?

Concevez-vous cet être fragile que vos yeux aperçoivent à peine, et qui cependant a ses affections et ses craintes, ses prévoyances d'avenir et sa sagesse; qui se choisit sa demeure et qui la trouve dans ses déserts de sable, et dans son Univers de feuillages et de gazons?

Concevez vous son instinct, et les piéges qu'il dresse, et ses remparts pour se défendre? concevez-vous la toile que file l'Araignée, la ruche que bâtit l'Abeille et le souterrain de la Fourmi?

Et n'est-il pas vrai qu'à la vue de toutes ces merveilles, vous êtes forcé de vous écrier: "Dieu est grand et sublime dans l'immense spectacle du monde, mais il n'a pas moins déployé de sagesse et de puissance pour créer l'insecte qu'on écrase, que pour enfanter des mondes infinis!"

L'Argyronète aquatique.

Mais comme il arrive quelquefois que notre esprit s'accoutume aux choses qui s'offrent habituellement à nous, et n'est plus frappé de ce qu'elles ont d'admirable, écoutez, enfants je veux vous raconter une de ces merveilles si grandes dans de petites choses.

Il est un faible insecte, caché souvent à nos regards, et qui habite les étangs et les bords des eaux dormantes, c'est l'Argyronète, espèce d'araignée aquatique.

Ce n'est pas aux insectes de l'Air que l'Argyronète fait la guerre, mais à ceux qui peuplent les eaux; aussi c'est dans l'eau qu'elle bâtit et dispose sa demeure.

Mais si elle plonge au sein de l'eau pour y saisir sa proie, elle ne saurait y vivre constamment, et il lui faut à la surface, une demeure abritée et commode.

Voici donc l'intelligence qu'elle a reçue de Dieu.

Elle commence par fabriquer au sein de l'eau une toile d'un tissu serré qu'elle tient tendue horizontalement au moyen de fils attachés à quelques brins de jonc ou à des herbages.

C'est cette toile qui doit former sa maison flottante.

Suite.

Or, le difficile étoit de soulever cette toile au-dessus de l'eau, de la gonfler comme un dôme léger dont les bords restent posés sur l'eau et d'apporter sous cette tente de toile une provision d'air afin que l'Araignée pût y vivre.

Que fait l'Argyronète ? elle sort de l'eau, elle offre à l'air son abdomen brillant et tout revêtu de poils humides et dans lesquels, par une propriété particulière, des bulles d'air s'engagent et restent prisonnières, Puis, chargée de cette récolte aérienne, elle va la porter sous sa toile, revenant plusieurs fois à la charge, et recommençant ses voyages jusqu'à ce qu'enfin la toile soulevée par l'air, sorte peu à peu de l'eau, laissant sous sa voûte recourbée, sous cette tente de la grosseur d'une noisette une place vide et abritée pour la demeure de l'Argyronète.

Puis ensuite, avec un art aussi habile, l'Argyronète fabrique pour arriver à sa demeure, des conduits en toile qu'elle remplit d'air et qu'elle soulève par le même travail merveilleux.

Réflexions

Enfants, dites-moi donc maintenant qui a donné à cette petite créature imperceptible l'habileté et l'intelligence ?

Qui lui a donné, comme à un tisserand l'art de former ses fils, de les enlacer et d'en faire un tissu imperméable à l'air et à l'eau ?

Qui lui a appris, comme au soldat dans les camps, à tendre les cordages de sa tente et à les attacher à leurs appuis solides ?

Dites-moi qui lui a enseigné comme à l'industrieux Ingénieur qui construit un ballon, l'art de gonfler le sien avec des bulles d'air ?

O merveille qui étonne et confond ma raison ! O grande et sublime chose si chétive qu'elle paraisse aux regards de l'ignorant !

Et Dieu est si riche dans sa puissance, et ses trésors de grandeur et de sagesse sont si immenses, qu'il a mis dans l'araignée qui dévore sa proie, et dans la mouche qui bourdonne et dans l'abeille qui se nourrit de fleurs, plus de perfection qu'il n'y en a dans toutes les œuvres de l'homme !...

La Prière.

Enfants, allez donc dans les temples de Dieu, allez où les hommes se rassemblent en présence de Dieu.

« Allez aussi en présence de la nature et de tout ce que la nature offre de grand et de beau, car le monde entier est le temple de Dieu.

Et puis élevez vos cœurs et vos prières vers lui, et dites dans le recueillement de votre âme :

« O Dieu ! vous êtes le seul grand et puissant, et vous êtes le maître de tout, et vous avez fait de nous ce que vous avez voulu et comme il vous a plu.

» Ainsi donc, que votre volonté soit faite sur nous comme sur toutes vos créatures, et que votre loi s'accomplisse en toutes choses.

» Car l'homme ne se révoltera pas contre vous, en présence de ces grands corps célestes qui suivent sans jamais s'écarter, la marche que votre doigt leur a tracée, et en présence de la nature toute entière qui vous obéit attentive à votre voix.

» Grand Dieu, qu'il vous plaise seulement de ne pas vous détourner de nous.

» Et faites briller votre lumière pour éclairer notre esprit. »

Et quand viendra le jour de la naissance d'un enfant, nous dirons :

Voici une nouvelle créature qu'il a plu à Dieu de faire naître sur la terre ; voici qu'elle vient au monde pour les biens et pour les maux de la vie.

Il a plu à Dieu de la faire naître comme il a fait naître la fleur des champs, tantôt pour la rosée du ciel et les rayons du soleil, tantôt pour le vent et les orages.

Qu'il soit donc ainsi, et que l'enfant repose dans son berceau, qu'il repose soigné par son père et par sa mère jusqu'au jour où il grandira, où les travaux de la vie commenceront pour lui et où on lui dira : « Sème si tu veux recueillir ; laboure si tu veux moissonner ; arrose ton champ de tes sueurs si tu veux qu'il soit fertile.

Jusqu'au jour où lui-même, devenu homme et dans la force de l'âge, il verra naître de lui des enfants, pour qu'à son tour il veille près d'un berceau et remplisse les devoirs de père....

Car c'est ainsi que, dès le commencement du monde, les hommes ont été liés comme par une grande chaîne qui unit les temps passés et les temps à venir.

La Mort.

Et quand viendra le jour du trépas, nous dirons : "donnez leur, Seigneur, le repos éternel, et que votre lumière brille à jamais sur eux.

"Seigneur, nous espérons en vous et nous ne serons pas anéantis dans l'éternité.

"Nous ne nous abandonnerons pas à la tristesse, comme les hommes qui n'ont pas d'espérance ; une autre vie viendra et nous serons éternellement en vous.

"O Dieu, vous m'appellerez et je répondrai ; vous tendrez la main à l'œuvre que vous avez créée et je me lèverai pour aller avec vous."

Alors nous dirons "heureux ceux qui meurent dans le Seigneur, ils vont se reposer de leurs travaux, car leurs œuvres les suivent.

Enfants, quand vous avez bien rempli les heures de la journée et que votre conscience ne vous reproche rien, vous voyez tranquillement approcher la nuit ; et vous vous endormez dans la paix et le repos, en attendant le lendemain.

Ainsi est la fin de l'homme juste, car sa vie passée ne le trouble pas et il s'éteint en songeant qu'après la mort il y aura la vie, comme après la nuit vient le jour.

Les Afflictions.

Puis, venant les jours d'affliction et de tristesse, nous dirons :

« Ô Dieu, vous avez jeté le trouble dans mon âme et il vous a plu que je fusse en proie au chagrin.

« Mais ne vous détournez pas de moi, ô Dieu ! et que votre bras me soutienne.

« Car vous êtes notre refuge, et c'est vers vous que se tournent nos regards.

« Dieu frappe les méchants et il étend sur eux sa colère, mais il environne de sa miséricorde ceux qui espèrent en lui.

« Justes, réjouissez-vous dans le Seigneur : chantez ses louanges, vous dont le cœur est droit et pur.

« Vous tombez dans le malheur et vous êtes courbé sous le poids des infortunes.

« Vos amis vous abandonnent, vous voyant frappé de cette plaie mortelle, et vos ennemis triomphent dans leur joie.

« Mais espérez en Dieu et il ne vous abandonnera pas ; élevez vos prières à lui et il vous exaucera,

« Il vous rendra le bien pour le mal que vous souffrez, et il aura pitié de vous selon les grandeurs de sa miséricorde.

Et si vous examinez le monde et ce qui se passe dans le monde, il vous apparaîtra bientôt une pensée qui vous frappe et vous instruise.

C'est que tous ici-bas, dans quelque position que nous soyons placés grands ou petits, nous avons quelque tâche à remplir.

Nul n'est exempt de cette loi; chacun a sa règle qu'il lui faut subir. Il y a les devoirs des enfants et les devoirs des pères; il y a les devoirs du maître comme ceux de l'ouvrier; il y a pour tous des devoirs communs de travail, de vertu, de courage.

Nous ressemblons à l'homme qui pousse et roule un fardeau au haut de la montagne: s'il perd un instant courage, le fardeau retombe et roule sur la pente rapide.

Ainsi tous les hommes ont leur tâche qu'ils ne peuvent quitter.

L'Ouvrier se lève avec l'aurore et se rend à ses labeurs, à sa terre qu'il cultive, à ses bois qu'il façonne. D'autres pâlissent et se fatiguent sur des travaux d'intelligence.

Et de même que dans la ruche, toutes les abeilles actives, occupées de tâches diverses, travaillent cependant pour un but commun; de même tous les hommes, sous quelque tâche qu'ils soient courbés, travaillent à l'accomplissement du grand œuvre.

La Famille.

Enfants, je veux maintenant que vous jetiez les yeux sur la maison qu'habite une vertueuse famille et que vous considériez et le père, et la mère, et les frères et les sœurs réunis sous le même toit, vivant d'une vie commune et liés l'un à l'autre par ces liens forts et sacrés que Dieu a voulu former entre eux.

Le père travaille tout le jour, souvent il ne rentre bien fatigué que lorsque déjà la nuit est venue, et tout le salaire gagné à la sueur de son front, il le donne pour les besoins de sa famille.

La Mère veille à toutes choses, elle est aux soins du ménage, à tous les travaux de la maison, elle est au lit d'un enfant malade, au berceau d'un enfant qui s'endort.

Voici déjà le fils plus âgé qui fait près de son père l'apprentissage d'un état, et qui manie des outils encore trop lourds pour ses faibles mains et déjà voici la fille aînée qui aide sa mère fatiguée, qui soigne ses frères plus jeunes et qui porte dans ses bras sa sœur qui ne peut pas encore marcher.

Et les petits enfants croissent et grandissent tranquilles sous cet abri, comme les oiseaux réchauffés dans le nid sous l'aile du père et de la mère. Et la mère est orgueilleuse de ses enfants, comme la Poule qui conduit sa couvée au soleil du midi.

Suite.

Ainsi ils s'avancent vivant d'une même existence. S'il y a des jours de fête, tous ont leur part de la joie ; s'il y a des jours de chagrin, tous ont leur part de la douleur.

Et quand la table du père n'est servie que de mets grossiers, la nourriture achetée par les sueurs est distribuée entre tous .... et quand la table du père est opulente, tous participent aux splendeurs du festin.

Que la flamme du foyer soit ardente et joyeuse ou qu'elle soit tristement nourrie d'ajoncs et de roseaux chacun y vient également réchauffer ses mains refroidies.

Puis la nuit venue tous s'endorment ensemble, et la paix du Seigneur se répand sur tous.

Qui donc pourrait ne pas comprendre combien sont doux ces titres de Père, et de Mère, et de Frère, et de Sœur ! Qui pourrait ne pas voir avec respect le père et la mère dans leur sollicitude, dans leur tendresse inquiète ?

Et qui pourrait ne pas aimer le frère et la sœur grandis avec lui sous l'ombre du même toit, et vivant avec lui dans le partage des joies et des douleurs.

Mon frère, nous avons été portés dans les bras de la même mère, nos deux berceaux étaient placés près l'un de l'autre à côté du lit paternel. Ce souvenir reste à jamais dans mon cœur.

La grande Famille.

Mais en dehors de la famille, au delà de ce cercle où sont renfermés ceux qui nous sont attachés par des liens plus chers, il y a la famille commune, la grande famille, la famille entière des hommes.

Car tous nous avons une même origine et nous sommes comme les innombrables rameaux partis d'une même tige.

Ainsi donc vivons avec tous en paix et en amitié, et tendons à tous la main comme à des frères. Compatissons aux maux des autres et secourons-les, car les maux des autres sont les nôtres; nous sommes sujets aux mêmes chagrins; aujourd'hui c'est celui-ci, demain ce sera nous.

Qui peut répondre qu'il sera toujours dans la joie et dans le bonheur? Dieu est le maître de tout, et le vent de la prospérité souffle tantôt d'un côté et tantôt de l'autre.

La plaie qui déchire autrui pourrait être votre plaie, et le malheureux avait droit aussi bien que vous à ces biens de la terre qu'il a plu à Dieu de nous donner.

Qu'il est doux et précieux le sentiment qui nous fait aimer les hommes! En lui est une source de nobles affections et de vertus. Il nous inspire de généreux dévouements et de grandes actions.

Les bonnes Actions.

Car s'il est des hommes égoïstes, insensibles aux douleurs des autres et qui détournent la tête quand un malheureux les appelle et qui ferment leur porte quand l'affligé demande un asile.

Il est aussi, il est des hommes au cœur sensible qui ne peuvent être heureux tant qu'il y a des misères à soulager; des hommes d'un ardent courage qui s'élancent au milieu du danger quand il s'agit de sauver leurs semblables, hommes bons et magnanimes qu'on admire et qu'on aime, et qui trouvent leur récompense dans la joie de leur conscience et dans l'estime de tous.

Et à ce sujet, je veux vous raconter, Enfants, une histoire qui vous intéressera, histoire touchante et attendrissante de dévouement courageux, de bienfaisance généreuse et de récompense descendue du ciel.

Car le bien qu'on fait n'est pas perdu et si l'on peut quelquefois n'en être pas récompensé sur la terre, soyez certains, enfants, qu'un temps vient où le Ciel de Dieu s'entr'ouvre et où la couronne descend sur la tête de celui qui l'a méritée.

Nous sommes en présence de Dieu et Dieu ne laisse pas en oubli les ~~bonnes~~ œuvres que nous déposons dans son sein.

Le Débordement.

Un jour, après des pluies d'orage la Vienne s'était débordée furieuse, courant au loin les campagnes, entraînant tout dans sa course rapide.

Le vent soufflait avec violence et de sombres nuages couvraient le ciel obscurci; c'était un spectacle affreux que la désolation des habitants. Les uns tremblant de voir leurs maisons envahies et emportant à la hâte leurs meubles dispersés, d'autres se réfugiant sur le toit de leurs maisons ou se sauvant dans quelque bateau poussé par le vent et les flots.

De grands malheurs étaient arrivés, car de temps en temps on voyait les eaux emporter des débris: c'étaient des poutres et des voitures, des meubles et des objets de ménage, c'étaient des bestiaux entraînés et venant expirer sur la plage où le flot les portait.

Il était certain que des malheureux avaient été surpris par le débordement, et chacun contemplant ces traces désolantes de l'infortune des autres, craignait d'y voir le tableau des infortunes qui le menaçaient.

Les uns versaient des larmes et poussaient des cris, le tintement de la cloche de l'église se faisait entendre, et beaucoup s'y rendaient, implorant Dieu dans la douleur, et le suppliant en présence d'un fléau qu'ils ne pouvaient combattre et que lui seul pouvait arrêter.

Tandis que chacun était attentif à ce spectacle, tout à coup on aperçut, poussé par les flots, un objet surnageant, et qu'à sa forme, à ses dimensions, on reconnut pour un berceau d'enfant.

C'était comme le berceau de Moïse, placé parmi les roseaux sur le bord du fleuve par une mère tremblante ; mais un berceau ballotté, entraîné, et qui semblait à chaque instant sur le point d'être submergé.

Chacun suivait avec anxiété les mouvements de cette nacelle fragile, et bientôt, les vagues la poussant vers le rivage, elle s'y engageant fut arrêtée dans les branchages de quelques saules qui élevaient encore leur tête de feuillage au-dessus des eaux.

Alors on put apercevoir des langes jetés sur ce berceau et au milieu du bruissement des vagues et des vents il se fit entendre comme les vagissements d'un enfant.

Mais que faire ? l'Onde était furieuse, le torrent entraînait tout, aucune force humaine ne semblait pouvoir y résister !

Il se trouva cependant un homme courageux qui osa affronter ce danger ; il s'élança dans l'eau et gagna après beaucoup d'efforts les saules protecteurs dont les rameaux retenaient le berceau ; il le saisit ; puis, aidé par de longues cordes qu'on lui jeta, il put enfin, presque mourant de fatigue, revenir au rivage et ramener son précieux fardeau ;

L'Enfant sauvé.

Dieu avait fait un miracle, l'enfant vivait encore, et il s'agitait élevant ses petits bras et chacun était touché du spectacle de cette faible créature échappée à une mort certaine et sur qui la bonté du ciel s'était montrée d'une manière si sensible.

Or, il arriva que ni ce jour, ni les jours suivants, quand les eaux furent rentrées dans leur lit, personne ne vint réclamer la petite fille sauvée des flots; on n'entendit parler de rien et les recherches furent vaines.

Alors le villageois qui avait sauvé la vie à cet enfant, André, jeune père de famille ayant déjà trois enfants, ouvrier laborieux mais pauvre, prit l'infortunée petite fille dans ses bras et la serra contre son cœur. "Cette enfant-là est à moi, dit-il, personne ne me la disputera, je pense; je suis son père, puisqu'après Dieu c'est moi qui lui ai donné une seconde fois la vie."

"Viens donc, mon enfant, ajouta-t-il, entre dans ma maison et sois la fille de ma femme et la sœur de mes fils."

Le berceau de la petite fille prit donc sa place entre les berceaux de ses fils; elle fut élevée parmi les autres sous le nom de Marie, et elle grandissait, appelant André son père et caressée par tous, si bien qu'avec le temps on avait oublié cet événement et qu'on ne distinguait pas Marie entre les enfants d'André.

Or, le village où tout ceci se passait était situé sur la grande route, et souvent des voyageurs le traversaient, allant et venant pour des pays lointains.

Et un jour, huit ans après ce débordement dont nous avons parlé, on vit arriver une brillante voiture avec grand équipage et de cette voiture descendit une dame qui fut conduite à la principale auberge du village.

Il y avait sur toute sa figure une expression de douceur et de bonté, mais en même temps il s'y peignait de la tristesse.

Elle aimait les enfants et se plaisait à les caresser; souvent elle les arrêtait dans la rue et causait avec eux.

Elle rencontra plusieurs fois Marie, alors grande fille, gentille et bonne, et elle ne pouvait la voir sans beaucoup d'émotion.

Marie, de son côté, éprouvait de la tendresse pour cette dame, et souvent elle lui portait des fruits et des fleurs qu'elle avait cueillis dans le jardin de son père. Peu à peu Marie vint plus souvent, et dans la simplicité de sa robe de toile elle admirait la robe de soie et de velours de la grande dame.

Elle jouait avec les bijoux d'or et s'amusait à mettre à son bras les bracelets en pierreries.

De jour en jour cette dame s'attachait davantage à Marie, et sachant qu'André était un ouvrier laborieux et chargé de famille, elle le fit un jour venir auprès d'elle.

J'aime votre enfant, lui dit elle, laissez-la près de moi; je l'emmènerai à la ville et je veillerai sur elle.

André refusa; la grande dame insista, elle parlait du bonheur de Marie, du bien qu'elle pourrait lui faire.

Mais André persista dans son refus, et en parlant avec effusion de sa tendresse pour cette enfant, il en vint à dire qu'elle n'était pas sa fille, mais que son cœur ne distinguait pas entre elle et ceux dont il était vraiment le père.

Elle n'est pas votre fille, dit la dame; mais comment se fait-il? par quel événement?...

Et alors André se met à raconter ce qui s'était passé huit ans auparavant, ce débordement terrible, ce berceau miraculeusement porté sur les flots, et cette pauvre petite fille encore enveloppée de ses langes.

A mesure qu'il parlait, la dame sentait croître son émotion, et quand le récit fut terminé, il fallut qu'on la soutînt et qu'on la secourût, car des larmes la suffoquaient.

Ma fille, ma fille! s'écriait-elle. O mon Dieu! serait-il possible? Mon Dieu! faites que ces doutes se dissipent!

La Reconnaissance.

Quand la Dame fut revenue de son trouble, elle interrogea André, se fit rendre compte exactement de toute chose, et enfin lui demanda si par hasard il n'avait pas conservé quelques uns des petits vêtements qui enveloppaient Marie dans son berceau miraculeux.

Sans doute, dit André, nous les avons toujours conservés dans l'espoir qu'ils pourraient servir un jour à la faire reconnaître, et il alla les chercher.

O bonheur! ces langes, ces vêtements d'enfant portaient des marques soigneusement conservées, et la dame les saisissant et reconnaissant ces marques, couvrit ces vêtements de baisers puis appelant Marie, elle l'embrassa mille fois en la nommant sa fille.

Alors elle raconta que, dans ce temps, des circonstances diverses l'avaient forcée de mettre son enfant en nourrice, que le débordement était arrivé, et que la nourrice négligente avait abandonné l'enfant dans sa terreur.

Tout était donc révélé, et autant la dame était joyeuse, autant le pauvre André était triste, car il pensait que sa fille allait lui être enlevée, sa fille bien aimée qui tant de fois avait rempli son cœur de joie.

Et toute la famille étant accourue à cette nouvelle, ils ne pensaient qu'à une chose, c'est qu'ils allaient perdre leur sœur.

Il se fit un grand combat dans le cœur d'André; mais enfin il reprit sa force.

« Marie, dit-il, tu as été la bien chérie de mon cœur; je t'ai portée dans mes bras quand tu étais toute petite; je t'ai appelée ma fille et j'ai été ton père.

« Tu as été la bienvenue à la maison; tu as partagé le pain de mes enfants et tous les cœurs ont été à toi.

« Maintenant te voici la fille d'une grande dame, te voilà riche. Dieu a voulu te placer plus haut que nous autres, pauvres gens de village.

« Mais, mon enfant, partout où tu seras, nous t'aimerons, et nos cœurs seront à toi. Va donc, sois heureuse, et puisque tu as vécu avec les pauvres gens, gardes-en le souvenir et fais du bien aux malheureux. »

Marie était au désespoir; elle disait qu'elle ne voulait pas quitter André, ni sa mère adoptive, ni la famille qui l'avait accueillie.

Il fallut plusieurs jours pour calmer ces cœurs agités, et quand vint celui où il fallut se séparer, tous voulurent accompagner Marie le plus loin qu'ils le purent, et quand il fallut s'arrêter, ils la suivirent longtemps des yeux.

La Mère de Marie ne fut pas ingrate: grâce à ses bienfaits, André devint un cultivateur aisé; mais toujours son cœur était ému quand il parlait de la pauvre petite trouvée dans son berceau.

Ils sont rares ceux qui pratiquent le bien. Aussi on contemple avec admiration ces hommes vénérables dont la vie est comme un beau tableau de probité et d'honneur !....

Dans un petit pays non loin du Mont d'Or, vivait un vieillard respectable aux cheveux blanchis, au front ridé ; mais conservant dans ses regards une ardeur non encore éteinte.

Il était connu de tous et tous le respectaient, et quand les enfants passaient devant lui, ils ne manquaient pas de se découvrir et de le saluer, vénérant ces traces de l'âge empreintes sur son visage.

Les vieillards se réunissaient autour de lui pour parler des temps écoulés ; les hommes mûrs venaient le consulter, invoquant sa longue expérience ; et les jeunes gens avaient du plaisir à entendre de sa bouche les vieilles histoires.

Or un beau jour de la fin de l'automne, comme chacun se pressait autour du bon vieillard et qu'il était assis au pied d'un grand arbre dont les feuilles commençaient à jaunir, tous lui parlaient et écoutaient ses sages réponses.

Et il y avait auprès de lui son arrière petit fils, enfant de quatorze ans, aux yeux ardents et vifs, qui prêtait une oreille attentive à toutes ses paroles et qui les retenait au fond de son cœur

Paroles du Vieillard.

« Mes enfants, disait le vieillard, j'ai quatre-vingts ans, c'est bien vieux : écoutez-moi donc ; car j'ai vu beaucoup de choses que vous n'avez pas vues, et j'ai bien des fois semé et bien des fois moissonné.

Quand j'étais jeune, j'allais à l'école comme vous, et j'avais un vieux maître qui me disait de bonnes paroles.

Il me disait : "Travaille, mon enfant, instruis-toi et tâche de devenir savant, car celui qui est savant vaut deux hommes.

« L'homme instruit connaît la route où il doit passer, et ne se perd pas dans le chemin ; l'ignorant est un aveugle qui se heurte et qui s'égare. »

J'ai travaillé, j'ai appris, et quand j'ai grandi, je me suis aperçu que la science c'est de l'argent, et qu'avec de la science on devient plus habile, en même temps qu'on peut devenir meilleur.

Et mon maître me disait encore : "Travaille, mon enfant, car si la science est de l'argent, le travail est de l'or.

« Le travail, c'est la vie, le travail, c'est du pain.

« Il est fort beau de rire, de s'amuser et de se promener en croisant les bras ; mais au bout de tout cela, il y a des larmes et la misère.

« Celui qui ne sème pas ne récolte pas. Quand vient le temps de la moisson, la grange du paresseux est vide. L'hiver accourt cependant, et il est trop tard de se repentir quand le mal n'a plus de remède. »

Suite.

Cependant, continua le vieillard, il a fallu à mon tour prendre place dans le monde, car les années s'écoulent, et peu à peu l'enfant devient homme, et il a des devoirs d'homme à remplir.

Or, savez-vous, mes enfants, ce qui m'a le plus profité dans la vie?.... c'est d'avoir des amis; car celui qui a des amis trouve partout appui et secours.

Et non seulement on lui tend la main pour serrer la sienne, et on lui donne son cœur, mais on lui vient en aide et on le soutient.

Ne dites pas de mal de celui qui a des amis, car il trouve des défenseurs qui plaident sa cause et quand vous le blâmez, il s'élève des voix qui le louent.

Que voulez-vous que les méchants entreprennent contre un homme qui a des amis? Ils savent bien qu'il n'est pas seul et que ceux qui sont unis sont forts.

Si vous êtes malade au temps de votre moisson, un ami vous aide à la faire; et si votre cheval vous manque au temps du labourage, le cheval d'un ami est attelé à votre charrue.

Mais, savez-vous, mes enfants, ce qui fait qu'on a des amis et qu'on gagne le cœur des autres, c'est de leur donner le sien.

Aimez et l'on vous aimera. Tendez la main aux autres et les autres vous donneront la leur.

Je sais bien, dit ensuite le vieillard, que la douceur et la paix ne sont pas toujours parmi les hommes.

Tantôt les cœurs sont troublés par l'envie; l'envieux s'afflige du bien qui arrive aux autres, comme si leur bonheur lui nuisait.

Tantôt on se laisse entraîner par la colère; la colère aveugle et pousse au mal.

J'ai entendu le calomniateur qui se plaît à dire du mal, comme le serpent à répandre son venin, et j'ai vu l'orgueilleux qui marche le front haut comme s'il voulait écraser de son pied les petits et les faibles.

Mais en voyant les méchants, mes amis, celui dont le cœur est bon apprend à les haïr.

Vous ne serez pas envieux, car tout ce qui arrive aux autres leur vient de Dieu et Dieu veut qu'il en soit ainsi.

Et il faut être bien méchant pour être moins heureux parce qu'il a plu à Dieu que d'autres aient du bonheur.

Vous ne vous laisserez pas aller à la colère; car la colère est de la démence, et quand l'emportement de son âme est passé, l'homme violent pleure le mal qu'il a fait.

Et vous ne direz du mal de personne, car c'est affreux de blesser avec sa langue comme avec un poignard.

Et vous n'aurez pas d'orgueil, car l'orgueil fait l'homme d'autant plus petit qu'il s'imagine être plus grand.

Les Querelles.

Voici ce que raconta ensuite le vieillard :

Dans ma jeunesse, dit-il, j'ai connu deux hommes que la haine divisait entre eux.

Leur cœur était ulcéré et quand ils se rencontraient, ils se détournaient l'un de l'autre, et quand ils parlaient l'un de l'autre, il y avait de l'amertume dans leurs paroles.

Or, un jour, il y eut à l'église une fête religieuse, il y eut un grand concours de monde, et comme la foule se pressait en désordre, il arriva que ces deux hommes se trouvèrent près l'un de l'autre, en face de l'autel.

Et lorsque le prêtre fit entendre de la chaire les paroles de vérité, il se trouva qu'il prit pour texte de son discours ces paroles sacrées :

« Lorsque vous priez et que vous êtes devant l'autel, si vous venez à vous souvenir que votre frère a quelque reproche à vous faire, laissez aussitôt votre offrande, allez d'abord vous réconcilier avec votre frère et revenez ensuite prier Dieu. »

Puis la parole du prêtre s'anima et il peignit la bonté de Dieu qui s'étend sur tous et qui traite tous les hommes comme une seule et grande famille.

Et il montra combien il est odieux aux hommes qui ont si peu de temps à passer sur cette terre et qui demain ne seront plus, de consumer dans les querelles et la haine le peu d'années qui leur sont données.

Or il y eut un de ces deux hommes moins endurci que l'autre ; que les paroles du livre saint et les discours du prêtre émurent au fond du cœur. Il comprit sa faute en présence de Dieu, et des larmes coulèrent de ses yeux pendant que ces maximes de vérité se faisaient entendre.

Quand l'Office fut terminé, il retourna à sa maison, et prenant avec lui sa femme et ses enfants, il leur dit : Dieu m'a fait entendre ses paroles ; venez avec moi, allons vers celui qui fut notre ennemi, je veux lui tendre la main et lui dire qu'il n'y a plus de ressentiment dans mon cœur.

Ils allèrent donc, et quand ils entrèrent, il y eut un moment de serrement de cœur, et une expression de dédain se peignit d'abord sur la figure de celui dont l'âme avait été moins touchée.

Mais le premier lui adressa la parole. « Je viens à vous, dit-il, et si je vous ai fait du mal, pardonnez-le-moi ; je vous prie d'oublier le passé et d'être bon avec moi.

Pour moi, je ne désire que vous faire du bien, et voici ma femme et mes enfants que j'amène avec moi comme gages de ma parole. »

Il fallut bien céder à ce discours. Un moment effaça toutes ces querelles comme un rayon de soleil dissipe un nuage. Ces deux hommes, tout à l'heure ennemis, se serrèrent dans les bras l'un de l'autre.

Et désormais ils montèrent tous deux à l'Église, s'asseoir près l'un de l'autre, à ce même banc, où Dieu leur avait fait entendre sa parole sainte.

L'Enfant de 14 ans.

Pendant que le vieillard parlait ainsi, son petit fils était resté près de lui l'oreille attentive.

Et c'était une chose intéressante que ces deux personnes ainsi rapprochées l'une de l'autre.

Le vieillard avec sa tête demi-chauve et quelques restes de cheveux blanchis, sa taille courbée, ses mains appuyées sur son bâton.

L'Enfant avec ses yeux ardents levés sur le vieillard, sa figure toute animée des discours que tenait son ayeul et ses beaux cheveux noirs roulés en boucles sur sa tête.

Le vieillard se leva, car le soir approchait et son petit fils se plaçant près de lui, le vieillard s'appuya sur l'épaule de l'enfant.

Et l'enfant, tout fier d'accompagner son grand-père, le guidait sur la route, évitait les obstacles du chemin et s'efforçait de rendre sa promenade plus douce et plus facile.

L'Enfant avait le cœur tout pénétré des paroles de vertu et de sagesse qu'il venait d'entendre, et dans ce moment plus que jamais, il lui paraissait bien qu'il y a du bonheur à être bon et vertueux et que la bonté et la vertu répandent dans le cœur une joie pleine de douceur.

Il pensait à son grand père qui avait mené une vie si pure et si honnête et qui en recevait la couronne dans sa vieillesse.

Et il se disait qu'il était beau de vieillir ainsi aimé et honoré de tous et de n'avoir pas dans le cœur un reproche à se faire.

La bonne Résolution.

Comme le Vieillard et l'Enfant marchaient ainsi, ils arrivèrent à un détour de la route, d'où l'on apercevait un grand espace devant soi; des champs, des coteaux et les villages dans le lointain, la vaste étendue du ciel et le soleil qui descendait à son couchant.

— Que ce spectacle est beau, dit le vieillard... mais dis-moi, mon fils, à quoi penses-tu en le voyant?

— A Dieu, mon père, qui a fait toutes ces choses.

— Et ces champs que tu vois et ces blés dont les épis mûrissent, et ces vignes sur les coteaux, à quoi tout cela te fait-il penser?

— Au travail, mon père, car sans le travail ces blés ne mûriraient pas et la terre se couvrirait de ronces et d'épines au lieu de vignes et de fruits.

— Et que penses-tu en voyant cette multitude d'hommes dont il a plu à Dieu de peupler la terre?

— Mon père, je pense qu'il faut que tous soient bons et justes les uns envers les autres, car sans la bonté et la justice tout ce bel ordre disparaîtrait et les hommes vivraient entre eux, se déchirant comme les animaux dans les bois.

— Eh bien! mon fils, rappelle-toi ces trois choses qui sont comme les fondements de la vie: honorer et louer Dieu, travailler, être bon et juste, et que ce spectacle du monde te les rappelle toujours.

— Oui, mon père, répondit l'enfant, je n'oublierai pas vos paroles, je louerai et j'honorerai Dieu, je travaillerai, je serai bon et juste.

Et comme il parlait ainsi, la main du vieillard se posa sur la tête de l'enfant, et il le bénit.

FIN.

Table.

EXTRAIT DU CATALOGUE

DE LA LIBRAIRIE DE L. HACHETTE ET Cie.

PETITE BIBLIOTHÈQUE DES ÉCOLES PRIMAIRES.

Ire Série. — OUVRAGES D'UNE FEUILLE IN-18 (36 PAGES).

Prix : brochés, 10 centimes; cartonnés, 15 centimes.

Alphabet. — Histoire moderne. — Histoire naturelle, 2 vol. — Inventions et découvertes. — Modèles typographiés des cinq genres d'écritures. — Rois (les) de France. — Télémaque (1er livre). — Traité d'arpentage. — Traité de mécanique. — Traité de chimie. — Traité d'orthographe.

IIe Série. — OUVRAGES D'UNE FEUILLE GRAND IN-18 (36 PAGES).

Prix : brochés, 15 centimes; cartonnés, 20 centimes.

Arithmétique. — Choix de Fables. — Géographie de la France. — Géographie générale. — Grammaire française de Lhomond. — Histoire ancienne. — Histoire et morale de Jésus-Christ. — Histoire romaine. — Histoire sainte. — Lectures dans les manuscrits. — Notions de calcul. — Poids et mesures (les) du système métrique. — Traité de morale religieuse.

IIIe Série. — OUVRAGES DE DEUX FEUILLES IN-18 (72 PAGES).

Prix : brochés, 20 centimes; cartonnés, 25 centimes.

Catéchisme (petit) historique, par Fleury. — Civilité chrétienne. — Eléments de chronologie. — Histoire d'Allemagne. — Histoire d'Angleterre, d'Ecosse et d'Irlande. — Histoire d'Espagne. — Histoire de Portugal. — Livre de prières. — OEuvres choisies de Franklin. — Premières connaissances. — Premier livre de lecture. — Prieur (le) de Chamouny, fragments de morale. — Récit des prix Montyon, 2 vol. — Tablettes chronologiques de l'histoire ancienne.

IVe Série. — OUVRAGES DE DEUX FEUILLES GRAND IN-18 (72 PAGES).

Prix : brochés, 25 centimes; cartonnés, 30 centimes.

Histoire de l'Empire Ottoman. — Histoire de Russie. — Histoire d'Italie. — Histoire de Charles Renaud, ou le Conscrit de 1812. — Histoire de Prosper Brinquart, suivie de quelques préceptes d'hygiène et de diverses curiosités instructives. — Histoire du petit Jacques. — Modèle de l'apprenti. — Morale en action. — Mythologie. — Science (la) du bonhomme Richard. — Traité d'analyse grammaticale. — Traité d'analyse logique. — Traité de la conjugaison des verbes.

Typographie Panckoucke, rue des Poitevins, 8 et 14.

www.ingramcontent.com/pod-product-compliance
Lightning Source LLC
LaVergne TN
LVHW012023160826
845678LV00002B/989

* 9 7 8 2 3 2 9 6 5 3 4 0 2 *